삭을 한 단계   보
인

세상은 빠르게 변화하고 있습니다. 모든 것이 손안에서 이루어집니다. 정보는 실시간으로 공유되지만 유통기한은 너무나 짧습니다. 시시각각 업데이트되는 세상의 지식과 정보를 따라잡을 수는 없을까요?

인문, 사회, 정치, 경제, 비즈니스, 건강, 실용 등 현대인이 살아가면서 필요한 지식과 정보는 날로 다양해지고 세분화되는 현실 속에서 〈인지적 사고방식〉 시리즈는 이 시대를 살아가는 독자들에게 필요한 최신 정보와 지식을 제공합니다.

숨가쁘게 변해가는 세상의 모습을 제대로 짚어내려는 분들의 니즈를 반영하여 짧은 분량 안에 핵심적인 내용과 일상에 크고 작은 영향을 미치는 이슈와 살아가는 데 도움을 주는 주제, 풍요롭고 행복한 삶으로 이끌어주는 분야 등 교양과 실용성을 모두 만족시키는 내용을 통해 생각과 행동을 변화시키고 시대의 흐름을 읽어내는 통찰력을 얻기를 바랍니다.

| 인지적 사고방식 시리즈 10 |

불황에도 생존하는 비즈니스

대체 뭐길래 **난리야?**

김청흠 지음

모아북스
MOABOOKS

믿지 못하는 예비사업자가 알아야 할
'네트워크 비즈니스'의 모든 것

많은 이들이 네트워크 비즈니스network business를 접한다.
"나도 해봤는데, 그건 안 돼"라고 하며 하다가 중간에 그만둔 사람들이
숱하게 많다. 생각보다 돈이 벌리지 않고 수익이 오르락내리락하는
것을 견디지 못하고 그만두기 때문이다.

그래서 어떤 사람들은 그만두는 사람의 모습을 보면서
아예 네트워크 비즈니스는 '돈이 안 된다'라는 편견을 갖고
있는 경우가 많다.

하지만 주변을 둘러보라.
노력하지 않고 성공을 거둔 사람이 몇이나 있는가?

시간 투자를 충분히 하지 않은 사업자가 갑자기 많은 돈을 번다는 건
사실 망상에 가깝다는 걸 여러분도 알 것이다.
실로 정상급 수준을 성취한 1인 네트워크 사업자들의 이야기를
들어보면 주위 사람들의 편견과 배척에 인내하며 스스로가
올바른 시스템을 쌓고 성장을 위해 노력해온 이들이다.
만일 이런 이들을 한번이라도 곁에서 자세히 살펴보면
당신의 편견에 대한 오해를 풀 수 있을 것이다.

네트워크 비즈니스는 무엇보다도 성실성으로
승부를 보겠다는 정직함을 최우선의 가치로 삼으면
누구라도 성공의 기회를
잡을 수 있는 최고의 비즈니스다.

이 책은 올바른 네트워크 비즈니스를
선택할 수 있는 힘을 주고,
사업 초기에 맞닥뜨릴 여러 상황들을
극복하게 도와줄 것이다.

네트워크 비즈니스,
지금 시작해야 하는 이유

30년 역사가 검증

우리나라의 네트워크 비즈니스의 역사도 어느덧 30년에 이르고 있다. 일찍이 네트워크 비즈니스 분야가 성장하며 꽃을 피운 미국의 경우 반세기가 넘는 역사를 이루고 있으니 우리나라는 비교적 뒤늦게 발전하기 시작한 셈이다.

네트워크 비즈니스는 쉽게 말해 직거래 유통을 말한다. 중간 유통과정을 줄이고 소비자가 사업자가 되어 질 좋은 제품을 합당하게 유통하여 생산자와 소비자가 '윈윈' 하는 상품 유통방식을 말한다.

참여해야 성공을 할 수 있다

누군가는 네트워크 비즈니스를 '꿈의 사업'이라고 말한다. 또 누군가는 허황된 사업이라며 기피하기도 한다. 그러나 네트워크 비즈니스의 시스템을 조금만 살펴보면 지극히 현실적인 사업이 라는 것을 알 수 있다. 누구나 노력한 만큼의 수익을 올릴 수 있 는 시스템에 의해 운용되는 사업이자, 대한민국 국민 누구나 직 접적 혹은 간접적으로 일상 속에서 접하고 있는 보편적인 직업 분야이자 사업 분야이다.

네트워크 비즈니스의 가장 큰 특징은 사업의 투명성, 그리고 비전이다. 현재의 자본, 사회적 지위, 학벌, 경력과 상관없이 누구나 자신의 꿈을 향해 나아갈 수 있지만, 거기에는 개인의 노력과 열정, 파트너십이 요구된다는 점에서 무엇보다 비전있 는 사업이다.

조기 퇴직과 청년 실업이 일상화된 장기적 경제 불황의 늪에도 불구하고 수많은 네트워크 비즈니스 종사자들은 오늘도 능력껏 수익을 가져가고 현재를 즐기며 앞날을 대비한다. 그들이 남보 다 능력이 출중하거나 가진 게 많아서가 아니다. 그들은 그저 고정관념을 깨고 성공을 향해 열심히 사업을 하고 있을 뿐이다.

스스로 성공과 꿈을 일굴 것인가, 과거의 패턴대로 살 것인가? 가능성의 문은 활짝 열려 있다. 그 문 뒤에 무엇이 있는지에 대해 이 책이 친절한 가이드가 되어줄 것이다.

김청흠

| 차례 |

3장 당신이 머뭇거리는 사이 발 빠른 사람은 한발 앞서가고 있다

4장 불황에도 생존하는 비즈니스 방정식

맺음말

1장

내 주변의 경제 변화를
얼마나 알고 있는가?

1. 명퇴와 해고, 그리고 빈곤한 노후

한국의 중년과 노년, 벼랑 끝에 서다

중산층 붕괴!
소득 격차와 계층 양극화 심화!
불안정한 중년과 빈곤한 노년!
희망 없는 청년세대!
일자리 부족과 불안정!

어느덧 이러한 비관적인 표현들이 우리 사회의 시대상을 보여주는 대표적인 말들이 되었다. 청년 실업 문제는 이미 사회 문제가 된 지 오래되었고, 안정적으로 노후를 대비해야 할 중년층은 자녀교육과 집 장만에 몰두하다 경제적인 안정을 이루기도 전에 해고되거나, 명예퇴직이라는 명분으로 하루아침에 백수가 된다.

불안한 중년은 빈곤한 노년으로 이어진다. 백세 시대라 하여 평균 수명은 길어지고 있으나, 대다수의 노인들은 풍요로운 노년기와는 거리가 먼 생활을 하고 있다.

현재의 노년층은 자식을 위해 희생하며 살아온 세대다. 자녀교육 때문에 허리띠를 졸라매고 살았고, 자식들이 청년기가 되자 결혼자금으로 모든 것을 써버렸다. 노후 대비를 뒷전으로 미룬 결과 그들의 노후는 극도로 불안정해졌다.

실제로 통계에 의하면 한국의 노년층의 빈곤율은 50%에 육박한다고 한다. 노인 두 명 중 한 명은 가난한 노년기를 보내게 된다는 것이다. 이는 OECD 국가 가운데 가장 높은 수치라고 한다. 즉 가난하고 병든 상태에서 100세를 산다는 것이다.

기존의 삶의 방식은 통하지 않는 시대가 되었다

기본적으로 노년층의 삶은 국가가 복지정책으로 해결해줄 수 있어야 한다. 그러나 경기 침체와 더불어 청년층 빈곤이 중년의 불안정으로 이어지고, 세금 충당이 안 되니 노인 복지에 쓰여야 할 예산이 확보되지 못하는 악순환이 이어진다.

경제 규칙의 변화

〈20세기의 경제 원칙〉
유형자본 중심
현금, 땅, 건물(부동산), 사무실, 장비, 제품, 순응성
〈21세기의 경제 원칙〉
무형자본 중심
개개인의 능력, 창의성, 혁신성, 글로벌라이제이션,
SNS, 4차산업, 네트워킹, 브랜드

그렇다면 청년층은 어떨까?

지금부터 10여 년 전인 2007년에 '88만원 세대' 라는 말이 크게 유행했다. 같은 제목의 책에서 유래한 이 말은 비정규직 청년 세대들의 어려움과 시대적 모순을 지적하는 말로 크게 회자되었다.

그 후 10년이 지났지만, 청년실업률은 줄어들지 않았고 88만원 세대였던 20대는 학자금과 주택 대출금을 갚느라 허리가 휘는 30대를 살고 있다. '3포 세대' 를 넘어 모든 것을 포기했다는 'N포 세대' 라는 신조어도 이제는 고리타분한 말이 되어버렸다. 이제

청년들은 희망을 잃은 채 '수저 계급론'을 들먹인다. 조부모와 부모의 재력에 따라 금수저, 은수저, 흙수저로 나뉘어 계급이 견고하게 대물림된다는 것이다. 개천에서 용 나는 것은 더 이상 불가능해졌고, 청년의 좌절과 비관은 일상적인 것이 되었다.

열심히 살지 않아서일까?

예전에는 열심히 노력하면 성공한다고 믿었다. 노력과 열정을 쏟으면 누구나 성공할 수 있다는 것이 상식이었다. 그래서 일부 기성세대는 청년에게 '열심히 하면 된다'라며 헝그리 정신을 강조하고 열정 페이를 요구한다.

그러나 과거와는 청년이 처한 현실이 달라졌다. 전 세계의 경제 상황이 20세기와는 달라졌기 때문이다. 장기적 경제 불황이 지속되면서 기업들은 일자리를 줄였고, 경기 침체로 소비가 줄어들자 회사 경영은 더 악화되어 일자리의 질도 떨어졌다.

이런 가운데 소득 상위 10퍼센트가 전체 소득의 거의 절반을 가져가는 소득 불균형이 극심해졌다. 우리나라의 소득 불균형은 다른 국가와 비교해도 그 정도가 심각한 편이다. 말하자면 상위

10퍼센트가 아닌 계층의 대다수의 사람들은 아무리 열심히 일해도 빚만 는다는 뜻이다. 극소수 상위 계층에 자본이 몰리면서 평등하고 공정한 경쟁 구도는 사라져 버렸다. 평생직장의 개념이 사라졌고, 심지어 아무리 남부러운 대기업에 다니는 사람이라 할지라도 언제 구조 조정과 해고의 칼날을 맞을지 몰라 마음을 졸여야 한다.

이러한 악순환은 언제 사라질까? 또 누구의 잘못일까? 청년과 중년이 열심히 살지 않았기 때문이 아니다. 이것이 지금의 전 세계적 경제 흐름이기 때문이다.

2. 추풍낙엽처럼 **몰락**하는 **자영업자들**

전 세계 맥도널드보다 한국의 치킨집이 더 많다

40대에 이르면 아무리 안정적인 직장에 다니던 사람이라도 제2의 직업, 새로운 인생을 준비하는 것이 자연스러운 시대적 흐름이 되었다. 더구나 해고와 조기 퇴직의 칼바람을 아무도 피해갈 수 없다는 것을 모두가 잘 알고 있다.

그렇다면 청년기 때 가졌던 직업을 자의적으로 혹은 타의에 의해 그만둔 후에는 무슨 일을 해야 하는가? 아직 한창 일해야 하는 중년층은 무엇을 새로 시작할 수 있을 것인가?

이로 인해 우리나라에서만 나타나는 특이한 현상이 기형적인 비율의 자영업 증가다. 자영업 중에서도 외식업이 비정상적으로 많고, 그중에서도 치킨집의 비율은 세계적으로도 비슷한 사례가 없을 정도다.

최근의 한 통계에 의하면 국내 치킨집 매장은 3만 6,000개가 넘는다. 이것이 얼마나 많은 수치인지 잘 와닿지 않을 것이다. 미국의 대표적인 패스트푸드 프랜차이즈인 맥도널드의 경우 전 세계에 3만 5,000개의 매장이 분포해 있다. 즉 좁은 땅덩어리인 우리나라 안에 있는 치킨집 수가 전 세계 맥도널드 매장 수보다 더 많다는 것이다.

자영업이 꿈의 종착지인가?

그럼에도 불구하고 지금도 수많은 중년들이 창업을 꿈꾸고 시도하고 있다. 안타까운 것은 자신의 능력과 창의성을 펼치기 위해서, 평생 원했던 꿈을 이루기 위해 자영업에 뛰어드는 사람은 극소수에 불과하다는 점이다. 즉 스스로 원해서가 아니라 퇴사와 해고로 인해 어쩔 수 없이 치킨집이나 빵집을 여는 생계형 자영업자가 대부분이다.

적절한 창업은 경제 활성화와 시장 경제 발전에 중요한 역할을 한다. 문제는 현재 신규 자영업자의 비율이 비정상적으로 많고,

창업을 많이 하는 만큼 폐업의 비율도 높다는 점이다. 큰 기대를 안고 자영업을 시작한 사람들의 3분의 2 이상이 창업을 하면서 받은 대출금도 채 갚지 못한 채 문을 닫는다.

물론 창업 실패와 폐업도 누구에게나 하나의 좋은 경험이 될 수 있다. 그러나 생계 때문에 어쩔 수 없이 자영업을 시작했다가 단기간에 큰 소득 없이 빚만 떠안고 문을 닫는 자영업자의 대부분이 중년층 즉 40~50대 사람들이다. 이 연령대는 본격적으로 노후 대비를 해야 하는 시기다. 현실적으로는 노후 대비는커녕 막대한 빚을 갚아야 하고, 이를 위해 어쩔 수 없이 비정규직 직장을 택하게 된다. 이런 상황에서 빈곤하고 희망 없는 노후를 피하기는 어려운 경우가 많다.

그렇다면 우리에게는 희망이 없는가? 대체 무슨 일을 어떻게 해야 안정적인 삶을 영위할 수 있을 것인가?

3. 더 이상 **저축**과 **부동산** 투자에 **기댈** 수 **없는** 시대

부동산은 더 이상 힘이 되지 못한다

한국인은 부동산에 대한 집착이 강한 편이다. 통계에 의하면 전체 자산 중 부동산의 비율이 68%에 달하는데, 40대는 60%, 60대는 거의 80%에 육박할 정도다. 즉 중년층과 노년층의 자산의 3분의 2가 부동산에 몰려 있다.

부동산에 대한 애착은 세대 간 갈림이 극명한 편이다. 즉 지금의 중년층 이상은 집을 주거용보다 투자용으로 여기는 데 익숙해져 있다. 중년 이후의 기성세대는 과거 경제 호황기 때 부동산으로 큰돈을 번 경험을 많이 했기 때문에 부동산에 대해서는 거의 맹목적인 믿음을 가지고 있다. 그래도 집 한 채를 깔고 앉고 있어야 마음이 놓인다고 한다.

반면 30대 이하의 청년세대는 좀 다르다. 그들은 사실상 현재의 노력과 수입만으로 집을 장만하기는 불가능하다는 현실을 알고 있을뿐더러, '집만 갖고 있는 거지' 라는 뜻의 '하우스 푸어'를 경험했다. 그래서 부동산을 맹목적인 희망의 수단으로 여기지 않는다.

이는 어쩔 수 없는 시대적 흐름으로 보인다. 실제로 가까운 일본은 1990년대 경기 침체와 장기 불황이 시작된 후 부동산의 몰락 현상이 일어났다. 일본 주택의 7채 중 1채가 빈집이며, 집값은 반 토막을 넘어 3분의 1 토막이 났을 정도다. 이에 일본 정부가 다양한 부동산 정책을 취하고 있으나 근본적인 문제 해결은 되지 못하고 있다.

저축으로 꿈을 이룰 수 있을까?

부동산과 더불어 또 하나의 문제는 저축이다. 예전에는 저축이 곧 미덕이고 희망이었다. 저축만 열심히 해도 돈을 모으는 것이 가능했다. 30년 전인 1988년 당시 국민들의 저축률이 평균 25%

였다. 즉 소득의 4분의 1을 저축했다. 은행 금리가 높아 1990년대에도 금리가 10%가 넘는 저축 상품이 있었다. 서민들은 저축을 해서 아이들을 키우고 집을 장만하고 노후도 준비할 수 있었다.

이것이 IMF 이후로 바뀌었다. 은행과 기업들은 줄도산했고, 은행 상품의 안전성도 깨졌다.

21세기의 유통 및 마케팅 특징 10가지

1. 첨단 신산업 분야와 아이템이 주목받는다.

2. 사람과 사람 사이의 관계망이 중시된다.

3. 무형의 관계인터넷, SNS 등가 무한대로 늘어난다.

4. 유형의 관계대면 접촉, 만남, 다이렉트 마케팅가 마케팅의 강력한 무기가 된다.

5. 네트워크를 통해 우수한 제품이 유통된다.

6. 사람과 사람의 대면으로 유통이 일어나는 네트워크 마케팅이 확장된다.

7. 소비, 교육, 판매, 홍보가 한 사람에 의해 동시다발적으로 일어난다.

8. 소비자가 곧 판매자가 된다.

9. 중간 유통을 뛰어넘는 다이렉트 판매의 효율성이 높아진다.

10. 면대면 상호작용이 실질적인 힘을 발휘한다.

무엇보다 IMF 이후 금리가 낮아져 지금은 1%대의 초저금리 시대가 되었다. 국민의 저축률은 10% 이하로 떨어졌다. 저축을 해서는 돈을 모으는 것도, 노후를 대비하는 것도 불가능하다는 뜻이다.

이에 비해 물가는 꾸준히 올라 서민들의 등골을 휘게 만든다. 금리는 오르지 않고 물가만 올라 돈의 가치는 떨어져버렸다. 이러한 현상이 단기간에 끝나지 않을 것으로 전문가들은 보고 있다. 그래서 사람들은 스스로 알아서 돈을 모으고 노후를 대비하지 않으면 안 된다는 불안감에 시달리고 있다. 모든 상황을 고려해보면 결국 이런 질문이 남는다.

'무엇을 해서 먹고살 것인가? 어떻게 인생 후반전을 대비할 것인가?'

2장

돈을 벌려면 경제의
룰부터 알아야 한다

1. 변치 않는 경제 원칙이 있다

돈과 지식이 돈을 모은다

현실 사회에서 자본주의는 일종의 거대한 법칙이다. 그 사회에 속해 있는 모든 구성원이 암묵적으로 동의하는 게임의 룰이라 할 수 있다.

누구나 알고 있듯이 자본주의 사회에서는 돈이 많고 지식이 높은 사람이 우월한 지위를 차지한다. 이것이 시대가 지나도 변하지 않는 강력한 경제 원칙이다. 자산이 많은 사람은 그 자산을 활용해 더 많은 돈을 벌 수 있고, 지식이 많은 사람은 지식을 활용해 돈을 끌어모을 수 있다. 자산도 지식도 없는 사람은 낮은 계층으로 몰락하고 만다.

예전에는 계층 간 사다리를 타고 신분을 이동하는 것이 그래도 불가능하지는 않았다. 개천에서 용 날 수 있었고, 서민도 중산층 이상에 진입할 수 있었다. 그러나 최소한 우리나라의 경우 이런 구조가 점점 불가능한 사회가 되었다.

그렇다면 자신의 계층 안에 갇혀 남은 인생을 보내야 할 것인가?

어떻게 돈을 벌 것인가?

어떻게 계층 이동을 할 수 있을 것인가?

어떻게 하면 지금보다 나은 생활을 꿈꾸고 그 꿈을 실현시킬 수 있을 것인가?

수요가 발생하는 곳을 미리 파악하라

사회적 네트워크의 확장망

```
                    친구
                 ↗       ↘
        경제적 동반 성장    지인
             ↑               ↓
    경제공동체, 경제협력체      동료
             ↑               ↙
          고객 ← 비즈니스 파트너
```

중요한 것은 경제 원칙의 기본 룰을 알아야 돈을 벌 수 있다는 점이다. 그 원리란 수요와 공급의 원칙이다.

원칙적으로 어떤 물건이나 아이템의 공급이 부족하면 수요자들은 더 높은 가격을 지불한다. 그러다 시장이 상품을 충분히 많이 공급하게 되면, 수요자들은 자연스럽게 기왕이면 더 저렴한 상품으로 몰리게 되어 있다. 이때 공급자들은 출혈 경쟁을 하게 되고 수요와 공급에 거품이 끼기 시작한다. 이런 과정이 심화되면 상식에서 벗어난 가격이 책정되고 수요, 공급의 적정선이 무너지기 시작한다.

한 나라의 경제는 수요와 공급에 의해 흐르고 움직인다. 수요가 발생하면 돈이 몰린다. 그렇다면 수요가 발생하기 전에 돈을 투자하면 어떨까? 남보다 더 많은 돈을 벌 수 있다.

이것이 변하지 않는 경제 원리이자 돈의 원리다.

즉 돈을 제대로 벌기 위해서는 다른 비법이 아니라 경제의 기본 룰부터 숙지해야 한다는 뜻이다. 아직 남들이 많이 투자하지 않은 아이템, 아직 남들에게 많이 알려지지 않은 새로운 분야, 기존의 상식과 고정관념을 깨는 분야에 눈을 돌릴 필요가 있다는 것이다.

네트워크 비즈니스의 핵심적인 무형자본

사람

: 사업자와 구성원이 갖고 있는 지식, 실력, 역량, 능력, 경험

고객

: 제품의 고객, 관련 협력업체, 파트너

가치

: 회사와 개인이 소유하고 있는 저작권, 특허권, 트레이드마크, 콘텐츠, 도메인명, 상품 가치, 상품의 독자성

네트워크

: 수익성 높은 웹 기반 비즈니스인터넷, SNS 활용를 원활하게 할 수 있는 능력

비전

: 회사의 비전, 목적, 가치, 양심, 윤리, 철학, 인간관계, 성공 가능성

2. 글로벌 **경제 유통구조,** 어디에 **돈**이 있나

글로벌 경제 위기가 우리 경제에 미친 영향

10년 전인 2008년 전 세계는 큰 충격에 빠졌다. 미국 투자은행 리먼 브러더스가 파산하면서, 절대 무너질 것 같지 않던 미국 경제가 주저앉은 것이다.

전 세계 경제는 20세기 초 대공황 이후 최악으로 침체했다. 그리고 이것은 미국만의 문제가 아니었다. 미국의 경제 변동이 전 세계 각국에 미치는 영향력은 막대하기 때문이다. 이는 우리나라도 예외가 아니었다.

미국의 경우 우선 주식과 집값이 폭락했다. 실업자가 늘고, 서민 소득이 감소했고, '아메리칸 드림'이라는 말이 더 이상 유효하지 않게 되었다. 정치적, 경제적 보수화가 시작되었다. 또한 미국

과 거래하던 크고 작은 국가들이 줄줄이 경제적으로 큰 타격을
받았다.

이후 우리나라도 무역에 악영향을 받았다. 자원이 없어 대외
무역에 의존해야 하는 우리나라에는 미국의 경제 침체가 치명
적이었던 것이다. 그후, 누구나 체감하고 있는 것처럼 일자리
가 줄어들었다.

돈의 흐름은 어디에 있는가

글로벌 경제 무대는 마치 아프리카 평원의 대자연과도 같다.
즉 철저한 약육강식의 법칙이 지배하는 세계라는 것이다. 돈은
필요한 곳으로 흘러가고, 지혜와 선견지명을 가진 자의 손으로
들어간다. 기존의 경쟁 구도에서 이기기 위해 안간힘을 쓸 것이
아니라 끊임없이 새로운 시장을 찾아야 한다.

그래서 돈을 벌려면 제품의 수요가 있는 신규 시장을 발굴하고
개척해야 한다. 시장을 개척하는 것은 가만히 있을 때 저절로 일
어나지 않는다.

뭔가를 만들어야 하고, 팔아야 하고, 누군가가 그 물건을 필요

로 하게 만들어야 한다. 이미 여러 사람들이 자리잡고 있는 곳이 아니라 아직 아무도 선점하지 않은 곳, 아직 사람이 몰리지 않은 곳이 어디인지를 찾아야 한다.

크게 노력해서 조금 버는 것이 아니라 작은 노력을 들여 큰돈을 벌 수 있는 새로운 활로를 열어야 한다. 그것이 돈의 흐름을 만드는 기본 자세이자 태도다.

때문에 이제는 '어떤 직장에 취직할 것인가' 보다 '어떤 일을 할 것인가' 가 더 중요하다. '월급을 얼마 받느냐' 에서 한 발 나아가 '돈의 흐름을 언제 어떻게 포착하고 나만의 기회를 내 손에 쥘 것인가' 가 더 중요하다.

사람들이 원하는 제품, 그 제품을 소비하고 유통시킬 흐름에 직접 참여해야 한다. 돈을 수동적으로 쫓아가는 것이 아니라 돈의 흐름을 능동적으로 주도하는 삶을 살겠다는 발상의 전환을 하자는 것이다.

경제 패러다임의 양상 키워드

1600~1800년대

: 농업혁명 → 산업혁명 → 신흥 강대국 미국의 급부상

1900년대 초

: 제조업 발전 (헨리 포드가 조립라인 도입)

 2차 세계대전 (제조업과 공업의 급발전)

 전후 경제 호황 (제조업 활성화)

1950년대 이후

: 자동화 시스템 활성화 (제조업 일자리의 가치 하락)

 제조업 종사자보다 지식 종사자의 가치 상승

1990년대 이후

: 인터넷으로 인해 전 세계가 디지털로 연결

 유형 및 무형의 네트워크 확장

 장기적 경제 불황

 실업률 증가, 일자리의 아웃소싱화

3. 돈이 **돈을 불러들이게** 하라

돈의 '끓는점' 을 앞당겨라

돈이 돈을 버는 원리를 설명할 때 물이 끓는 원리를 흔한 예로 들곤 한다. 물이 끓으려면 섭씨 100도라는 온도에 도달해야 한다. 그 전에는 뜨거워질 뿐 끓지는 않는다. 물을 끓게 하려면 계속해서 화력을 공급해 온도를 높여야 한다. 불의 노력, 그 불을 유지시키는 사람의 노력이 필요하다.

일정 화력이 되어 끓는점이 되면 물은 부글부글 끓어넘칠 것이다. 이때 약불로 물을 끓이면 끓는점에 도달하기까지 시간이 오래 걸린다. 반면 강한 불로 물을 끓이면 훨씬 빠른 시간에 물이 끓기 시작한다.

돈도 이와 마찬가지다. 끓는점에 이른 물이 끓어 넘치는 것처럼, 돈도 일정 수준 이상이 되면 끓어 넘친다. 즉, 돈이 돈을 불러들여 기하급수적으로 늘어난다. 그래서 어느 정도 이상의 자산을 소유한 사람들은 그때부터 큰 노력을 들이지 않고도 기하급수적으로 돈을 불려나가는 것이다.

신흥부자 유형 분류

유 형	해 설
1. 자수성가형 (고무줄형)	생계 유지나 자신의 노력, 의지로 열심히 노력하여 돈을 버는 유형
2. 요행대박형 (울며 겨자 먹기형)	돈이 되는 것, 트렌드 중심, 모험이나 운, 게임, 복권 당첨, 부동산 투자, 증권 투자 등의 유형
3. 저절로형 (조건부 상속형)	좋은 가문, 유산, 보험금 수령 등 부모, 친지들로부터 후광을 받아 돈을 버는 유형
4. 프로슈머형 (네트워크 비즈니스형)	네트워크 비즈니스 사업 활동을 통해 꾸준하게 수익을 안정적으로 창출하여 온 유형
5. 지식정보기술형 (크레비지언형)	자신의 감정, 경험, 지식, 노하우 등을 돈과 비즈니스로 연결하여 큰돈을 버는 유형
6. 열정형	조직 등에서 남다른 열정과 높은 실적을 달성하여 인센티브 및 수당을 얻는 고소득자
7. 스타형	스포츠, 연예, 유명 인사로서 높은 수익을 창출하는 유형
8. 메가컴퍼니형	다국적 기업, 금융회사, 대기업의 핵심인력, 리더, CEO로서 탁월한 업적을 통해 높은 연봉을 받는 유형

※ 자료 : 포시엠 컨설팅 연구소, 재테크, 창업 공동체 세미나 자료

도전하지 않으면 새로운 시스템에 동참할 수 없다

네트워크 비즈니스의 경제원리

수요, 공급의 원리

+

마케팅의 원리

+

시장 원리

+

돈이 돈을 불러들이는 원리

+

무한 동력의 경제 원리

　돈이 돈을 버는 시스템을 안착시키는 것. 이것은 극소수의 자산가에게 해당되는 말이 아니다. 돈이 돈을 불러들이는 시스템은 누구나 만들 수 있다. 바로 당신도 할 수 있다.

　그러기 위해서는 지금과는 다른 노력을 기울일 필요가 있다.

새로운 분야에 도전하고, 새로운 일을 시작해야 한다. 누군가는 투자를 할 것이고, 누군가는 창업을 할 것이다. 그러나 투자도 창업도 기본적으로 어느 정도의 자본금이 필요하다는 점에서 누구나 쉽게 도전할 수 있는 것은 아니다.

그렇다면 무엇을 해야 할 것인가?

이에 주목해야 할 것은 오늘날의 경제 원리에서 과거의 부동산, 현금, 땅 같은 유형자본이 아니라 사람, 네트워크, 창의력, 브랜드 같은 무형자본이 중요해졌다는 점이다. 하루가 다르게 글로벌화, 디지털화, 네트워크화가 가속화되고 있는 이 시대에는 얼마의 자본으로 어떤 물건을 팔 것인가보다, 눈에 보이지 않는 무형자본을 갖고 수익을 어떻게 올린 것인가를 궁리해야 한다.

무형자본에는 많은 것이 포함된다. 인적 자원, 사람과의 관계, 디지털과 네트워크를 통해 얻는 수많은 정보들이 그것이다. 이러한 21세기 무형자본의 수익 창출 구조를 잘 보여주는 분야 중 하나가 바로 네트워크 비즈니스다.

그렇다면 왜 네트워크 비즈니스가 경제와 유통의 대세가 되었는가? 다음 장에서 구체적인 현실을 들여다볼 것이다.

3장

당신이 머뭇거리는 사이
발 빠른 사람은
한발 앞서가고 있다

1. 현장으로 가서 확인하라

네트워크 비즈니스는 21세기의 메가트렌드

20세기보다 21세기에 더 적합한 신경제 트렌드!
지난 20년간 가파른 연속 성장세!
전 세계 수백만 인구의 신개념 평생직업!

네트워크 비즈니스에 대한 경제유통 전문가들의 평가는 위와
같다. 실제로 경제 전문가들의 분석에 의하면 네트워크 비즈니
스는 20세기에 꾸준히 성장했고 21세기 이후로는 그 성장세가
더욱 가팔라지고 있다.

네트워크 비즈니스 시장이 일찍부터 발달한 미국의 경우 연간
매출이 1,000억 달러 이상이다. 더욱 놀라운 것은 다음과 같은 전

망이다.

'향후 10년의 성장세가 지난 50년의 성장세보다 앞설 것이다!'

미국을 주축으로 한 네트워크 비즈니스의 이러한 트렌드는 우리나라도 예외가 아니다. 20세기 후반기의 네트워크 비즈니스가 유통의 중요한 트렌드였다면, 21세기 들어서는 누구도 인정하지 않을 수 없는 거대한 흐름이자 '메가트렌드'가 된 것이다.

유통의 중심이자 미래의 주요 직업군

전 세계 수백만 인구가 네트워크 비즈니스로 일과 여유, 두 마리 토끼를 잡으며 살고 있다. 조기 퇴직의 늪과 은퇴 후 노후 빈곤의 두려움은 네트워크 비즈니스 사업자들에게는 남얘기이다. 능력만큼 돈을 벌면서 보통의 직장인들보다 즐겁게 일하며 여가를 즐긴다.

지금도 수많은 사람들이 네트워크 비즈니스 사업으로 돈을 벌고, 꿈을 현실로 만들고, 노후 자금을 마련하고 있다.

이러한 흐름은 일시적인 유행에 그치는 것이 아니다. 앞으로 네트워크 비즈니스는 사업 구조가 더욱 확장될 것이며, 지금까지보다 훨씬 더 유통의 중심이 될 것이고, 경제 흐름의 핵심이 될 것이다. 미국과 선진국을 포함한 전 세계, 그리고 우리나라 경제에서도 큰 비중을 차지하게 될 것이다.

더욱이 20세기 후반부를 거치며 수많은 시행착오를 거친 끝에 시스템과 법적 안정망이 더욱 탄탄해지기를 거듭했다. 전 세계 경제에 영향력을 끼치며 안정 궤도에 들어서게 된 분야이며, 유통의 트렌드 자체를 바꾸고 있다.

기회를 잡을 것인가, 관심을 가져야 할 것인가?

네트워크 비즈니스는 자영업과 달리 큰 자본 없이 누구나 시작할 수 있는 사업, 주어진 시스템을 따라 하기만 하면 단기간에 안정적인 수익을 올릴 수 있는 평생직업이다.

그럼에도 불구하고 아직 많은 사람들이 네트워크 비즈니스에 대한 오해와 두려움으로 선뜻 기회를 잡지 않고 있다.

왜 그럴까?

첫째, 정확히 알지 못하기 때문이다.
→ 사업에 대한 이해가 낮기 때문이다.

둘째, 정확히 알지 못한 상태에서
→ 기존의 부정적인 정보만을 막연히 기억하기 때문이다.

셋째, 정확히 알지 못한 상태에서
→ 기존의 부정적인 정보를 기억하고
→ 실제 현장에서 제대로 하지 않기 때문이다.

이런 이유로 제대로 알지 못한 채 자신의 삶을 크게 변화시킬 수 있는 용기를 내지 못하고 있다. 네트워크 비즈니스가 어떻게 해서 평생에 걸친 안정적인 수익을 제공할 수 있는지 알기 위해서는 일단 현실 경제 구조와 트렌드를 알아야 하고, 그 다음으로는 실제 현장이 어떤지를 직접 목격하고 정확하게 확인해야 한다.

이 놀라운 기회를 잡을지 말지는 지금 이 순간 당신의 선택에 달려 있다. 이제는 현장에 가서 경험자들로부터 정보를 얻고 정확히 성공의 근거를 확인할 때다.

이거 알아요?

네트워크 비즈니스의 10가지 장점

1. 큰 자본금이 들지 않는다.
2. 노력한 만큼 성과가 나온다.
3. 파산과 도산의 위험이 없다.
4. 학력과 경력이 요구되지 않는다.
5. 모든 사업자가 돈, 경력, 학벌과 상관 없이 같은 출발선에서 시작한다.
6. 사업을 시작한 후 배우면서 일할 수 있는 거의 유일한 직종이다.
7. 사업을 시작하면 각 단계에서 필요한 정보와 지식이 풍부하게
   제공된다.
8. 혼자 하는 일이 아니라 함께 하는 사업이므로 늘 도움을 받을 수 있다.
9. 고수익을 올릴 수 있다.
10. 언제 시작하더라도 늦지 않다.

2. 직접 **보고 듣고** 알아보라

현장에서 정보를 얻어 판단할 수 있다

"유통에 대해 전혀 몰라도 할 수 있을까요?"
"사업을 해본 적이 없는데 할 수 있을까요?"
"인간관계가 넓지 않은데 괜찮을까요?"
"자본금이 없는데도 시작할 수 있나요?"

네트워크 비즈니스를 시작하려는 사람들이 가장 많이 묻는 질문들이다. 이러한 두려움에 기본적으로 깔려 있는 가장 큰 두려움은 바로 다음과 같은 것이다.

"이 분야는 처음인데 혼자서도 할 수 있을까요?"

위와 같은 두려움들은 기본적으로 네트워크 비즈니스에 대해 잘 모르거나, 잘못된 정보를 갖고 있을 때 생긴다.

그러나 네트워크 비즈니스는 혼자 하는 사업이 아니다. 남과 경쟁하는 사업도 아니다. 이것을 이해하기 위해서는 현장에 직접 가서 정확한 정보를 보고 들어야 한다.

경쟁이 아닌 동반 성장

네트워크 비즈니스의 가장 큰 특징은 바로 '성과보다 과정'을 중시한다는 점이다. 네트워크 비즈니스는 나 혼자 잘 되기 위해, 나 혼자 성공하기 위해 남을 밟고 일어서거나 경쟁에서 앞서야 하는 사업이 아니다.

네트워크 비즈니스를 하면 처음 사업을 시작해서 안정적인 궤도에 오르기까지 파트너와 선배 사업자들의 풍부한 조력과 조언을 받을 수 있다. 파트너들과 동반 성장하며 서로 협력하여 함께 성과를 올릴 수 있다.

따라서 네트워크 비즈니스 사업을 시작할지 말지 고민하고 있다면 현재 그 일을 하고 있는 사업자들과 유경험자들의 이야기를 반드시 들을 필요가 있다.

사업자로서 성장하고자 한다면 먼저 사업을 시작한 성공자들의 방식과 태도를 그대로 따라하면 된다. 대부분 성공자의 반열에 오른 사람들은 특출한 능력을 타고났거나 관련 사업 경력이 많거나 고학력자가 아니다. 먼저 사업을 진행한 사람들의 성공 노하우와 시스템을 그대로 따라하고 익힌 사람들이 성공하는 것을 볼 수 있다.

그렇다면 어떤 현장에 가서 어떤 정보를 얻어야 할까? 이것을 가르쳐주는 것이 바로 네트워크 비즈니스의 사업설명회이다.

사업설명회에 참석할 때의 마음가짐

회사와 제품에 대한 정확한 정보를 알기 위해서는 사업설명회가 가장 확실한 기회다. 그런데 사업설명회에서 많은 정보를 얻기 위해서는 참석하는 사람의 마음가짐도 필요하다. 왜냐하면 아무 열의가 없고, 모든 새로운 정보를 의심하고, 매사에 부정적인 마음가짐이라면 아무리 좋은 정보를 접하더라도 있는 그대로 받아들이지 못하기 때문이다.

그렇다면 사업설명회에 참석할 때 어떤 마음가짐으로 참석하는 것이 좋을까?

- 새로운 분야에서 나만의 사업을 개척하고 싶은 마음

- 현재에 안주하지 않는 마음

- 새로운 일에 대해 적극적, 긍정적으로 귀 기울이는 마음

- 새로운 정보에 대해 열린 마음과 자세로 받아들이는 마음

- 과거보다 현재, 현재보다 미래를 지향하는 마음

- 나이와 상관없이 지금보다 더 행복하게 살고자 하는 마음

- 과거의 실패를 미래의 자양분으로 삼으려는 마음

- 꾸준한 자기계발과 지속적인 자기발전을 이루고자 하는 마음

- 새로운 정보와 지식을 얻는 것을 즐거워하는 마음

- 더 나은 성공을 꿈꾸는 마음

- 나만의 능력을 발휘하고 싶은 마음

- 지금보다 나은 경제적 여건을 마련하기를 원하는 마음

- 능력대로 일하고 그에 맞는 가치를 얻고 싶은 마음

- 만나는 모든 사람과의 인연을 소중히 여기는 마음

- 허황된 일확천금의 꿈이 아니라 현실적인 가능성에서 내 가치를
  인정받으려 하는 마음

- 열심히 일하되 화목한 가정과 여유로운 여가생활도 포기하지 않으려는
  마음

사업설명회는 미래의 문을 여는 절호의 기회

네트워크 비즈니스의 사업설명회는 사업의 구체적인 내용에 대해 전반적인 정보를 제공하고 누구나 알기 쉽게 설명하는 장이라 할 수 있다. 사업설명회의 형태와 분위기는 사업자와 회사 특성에 따라 소규모 모임부터 강연회 형식의 대규모 행사까지 다양하다.

사업설명회에 가면 우선 제품에 대해, 회사에 대해, 사업 플랜과 시스템에 대해 다른 곳에서는 얻을 수 없는 가장 정확한 설명을 들을 수 있다. 여기서 제공받은 정보와 비전을 바탕으로 예비 사업자들은 사업을 할지 말지 결정할 수 있고 미래에 대한 큰 그림을 그릴 수 있다.

또한 왜 이 제품이 비슷한 다른 제품에 비해 더 훌륭한지, 왜 이 사업이 전도유망하고 가능성이 높은지에 대해 정보를 제공 받는데 그치지 않고, 사람들과 교류하는 장을 만들 수 있다. 사업설명회는 네트워크 비즈니스의 가치, 사업과 제품에 대한 성장 가능성을 더 많은 사람들과 공유할 수 있는 기회라 할 수 있다.

사업설명회에 가면 이런 것을 얻는다

- 제품이나 회사에 관한 운영 방침, 시청각 자료, 통계 자료를 제공받는다.
- 사업의 진행 과정과 향후 발전성에 대해 설명을 들을 수 있다.
- 마케팅과 비즈니스 플랜을 알기 쉽게 이해할 수 있다.
- 그 회사의 역사, 성장 과정, 성장률, 비전과 목표를 정확히 알 수 있다.
- 제품의 특징과 시장성을 정확히 알 수 있다.
- 그동안 나의 인생과 꿈, 비전에 대해 돌아보고 다른 사람들과 나눌 수 있다.
- 회사의 스폰서십과 시스템 구조에 대해 정확히 알 수 있다.
- 다양한 분야의 새로운 사람들과 교류할 수 있다.
- 네트워크 비즈니스 업계의 최신 정보를 알 수 있다.

3. 실속 있는 **사업설명회장 방문**을 위한 3가지 **원칙**

① 지식과 정보 검색에 능통하라

정보력을 무기로 갖춰라

우리나라의 네트워크 비즈니스도 어언 30년 역사를 맞이하고 있다. 경제활동 인구와 관련한 전문 통계자료를 보더라도 우리나라 사람들 치고 네트워크 비즈니스를 생활 속에서 직접적 혹은 간접적으로 경험한 인구는 무시할 수 없을 정도다.

이제는 누구나 네트워크 비즈니스를 알고 있고, 누구나 접하고 있고, 누구나 언젠가는 접하게 될 것이다. 전 세계적 흐름에 따라 대한민국의 네트워크 비즈니스도 그 전과는 또 다른 새로운 국면을 맞이하고 있다. 더욱 전문적이고 더운 안정적인 분야로 자리잡은 것이다.

21세기는 속도의 시대, 글로벌 시대, 네트워킹의 시대다.

거리의 제약, 장소의 제약, 시간의 제약은 이제 무의미해졌다. 속도와 효율성이 그 어느 때보다도 중요한 시대가 되었다.

이런 시대에서 살기 어떤 정보를 얼마나 정확하게 확보하느냐가 중요하다. 나 자신에게 가장 필요가 정보가 무엇인지 선별하는 능력도 필요하고, 한번 확보한 정보를 정밀하게 검증할 수 있는 안목도 필요하다.

남이 떠먹여줄 때까지 기다리지 마라

네트워크 비즈니스를 하기 위해서는 기존 사업자든 예비 사업자든 정보력을 최고의 무기로 갖춰야만 한다.

이제는 유통과 경제, 그리고 네트워크 비즈니스에 대한 구시대적 시각에서 벗어날 필요가 있다. 네트워크 비즈니스의 실질적인 경제성에 대해 제대로 이해하는 것은 사업자로서 갖춰야 할 기본 태도다.

인터넷의 발달과 정보의 홍수 속에서 매 순간 헤아릴 수 없는 변화가 휘몰아치고 있다. 어제의 혁신이 오늘은 낡은 것이 될 수 있다. 과거에 알고 있던 정보가 더 이상 적용되지 않는 경우가 허다하다. 작년까지만 해도 상상도 하지 못했던 신기술과 혁신이 놀라울 정도로 현실이 되고 있다.

네트워크 비즈니스의 사업설명회에 방문하려면 이러한 트렌드에 대해 민감하게 알고 있을 필요가 있다.

많이 알수록 많이 얻어갈 수 있다

네트워크 비즈니스는 정보를 많이 확보할수록, 그리고 그 정보를 다른 동료들과 많이 나눌수록 성공할 수 있는 분야다. 따라서 사업을 시작하기 전부터 정보 검색과 확보에 강해져야 한다.

'사업설명회에 가면 알아서 다 설명해주겠지?'

물론 위와 같이 생각할 수도 있다. 사업설명회는 예비 사업자들에게 많은 정보를 주는 곳이기 때문이다. 그러나 정보를 제대로 알아듣고 내 것으로 만들기 위해서는 나 자신이 적극적으로 정보를 검색하고 숙지하는 습관을 들여야 한다.

정보를 검색하고 확보하는 데 능한 사람일수록 시시각각 새로운 정보를 더 많이 받아들일 수 있다. 그뿐만 아니라 네트워크 비즈니스의 중요한 요소인 인맥 구축에도 도움이 된다. 다양한 사람을 접하고 소통할 때는 가장 화제가 되는 주제를 펼치고 공유하는 것만으로도 나에게 더 많은 것이 되돌아오게 할 수 있다.

사업설명회에 방문하기 전, 인터넷이나 신문의 최신 트렌드와 경제 정보, 그리고 그 회사와 제품에 관한 정보를 점검해두는 것이 좋다.

사업설명회에서 꼭 확인해야 할 자료와 정보

- **통계자료**

  과학 연구 결과와 통계, 공식 연구기관의 자료나 테스트 결과

- **시각적 데이터**

  도표, 그래프, 일러스트, 사진, 샘플 등 시각적으로 바로 볼 수 있는 자료

- **보증서**

  제품의 효능, 공정성, 공신력, 합법성 등을 인증해주는 각종 보증서 사본

- **권위 있는 자료**

  관련 협회(전문가 협회, 미 FDA, 보건복지부 등)가 인증한 자료, 인증서, 추천서

- **사례**

  제품 사용자들의 사용 후기와 실제 소감, 비포 애프터 사진, 경험담 등

- **보도자료**

  제품, 회사, 사업에 대해 다룬 신문기사, 잡지기사, 방송 내용 등 언론 보도자료

② 현재 하고 있는 사람들의 경험담에 귀 기울여라

경험자의 조언이 피가 되고 살이 된다

"내가 아는 아무개가 사업했다가 실패했대."

"그건 아무나 할 수 있는 일이 아니래."

"그 사업을 해서는 절대 성공할 수 없어."

"그냥 하던 일이나 해."

"네 성격에 사업을 어떻게 해?"

네트워크 비즈니스에 대해 누구나 이런 말들을 들어봤을 것이다. 그러나 이런 종류의 '카더라 통신'은 정보 탐색에 있어 혼란만 줄 뿐이다. 그보다 더 필요한 정보는 현재 이 사업을 하고 있는 실제 경험자를 통해 얻을 수 있다.

네트워크 비즈니스는 그 어떤 분야보다도 전문가의 경험담들 자체가 나에게 피가 되고 살이 되는 사업 분야다. 처음부터 맨땅에서 시작해 성공의 관문에 들어서본 사람들이야말로 정말 나에게 필요한 전문적 정보를 줄 수 있다.

더구나 네트워크 사업자들은 경력, 사회 경험, 나이, 지위, 학력이 매우 다양하다. 그 어디에서도 보지 못했던 다양한 이력의 사람들을 네트워크 비즈니스 사업을 통해 만날 수 있다.

유익한 사업설명회의 특징

- 시청각 자료, 데이터, 통계자료 등을 풍부히 제공한다.
- 전달하는 내용의 핵심이 강렬하게 뇌리에 남는다.
- 화려함보다 진정성이 느껴진다.
- 고리타분하지 않고 최신 정보와 트렌드를 충분히 담고 있다.
- 독특하고 창의적이며 개방적인 정보 전달 방식을 택한다.
- 사업자 자신이 직접 경험한 경험담과 살아 있는 성공 스토리를 들을 수 있다.
- 참석자가 무슨 질문이든 할 수 있고 대답을 들을 수 있다.
- 집에 돌아왔을 때 그 사업과 회사에 대해 더 관심이 가고 미래의 성공 가능성이 보인다.
- 사람과 사람 사이의 인간미, 여유, 유머가 느껴진다.

경험담이 곧 사업성공 지침이다

네트워크 사업자들 중에는 매우 특이한 삶의 경험, 실패 경험, 상처를 지닌 이들도 있다. 삶의 밑바닥까지 내려가본 이들도 있고, 인생을 포기하고 싶을 정도로 나락에 빠졌던 사람도 있고, 모든 것을 잃어본 이들도 있다. 그랬던 사람들이 네트워크 비즈니스를 만나 어떤 변화를 겪었는지를 들어보는 것이 중요하다.

각각의 사업자들의 이러한 경험들, 그리고 그것을 딛고 일어선 지금의 모습이 새로운 사업자들에게 동기부여가 되고 희망이 된다.

이것은 네트워크 비즈니스의 사업적 특성과도 맞물린다. 출신, 지식, 학력, 학벌, 사회계층이 아니라 그 사람만의 잠재력이 사업을 성공으로 이끈다. 이러한 실질적인 사례를 직접 만날 수 있는 곳이 사업설명회장이다.

새로 시작하는 인생 설계 기회

사업설명회의 주된 역할은 예비 사업자들에게 제품과 회사에 대한 정보를 소개하고 알리는 것이다. 그러나 이뿐만이 아니라 좋은 사업설명회가 갖는 놀라운 특징이 있다. 그것은 바로 잊고 있던 꿈을 일깨워준다는 점이다.

유익한 사업설명회는 꿈을 찾게 해주는 기회의 장이다. 그동안 현실적 제약으로 인해 완전히 잃어버린 듯했던 자기만의 꿈과 이상에 대해 생각하게 만든다. 지금보다 더 나은 삶을 살길 원하던 마음을 되살려준다. 자신만의 인생 비전을 떠올리도록 해준다. 그리고 나아가 네트워크 비즈니스가 어떻게 그 모든 것들을 실현시켜줄 수 있는지를 알려준다.

사업설명회에서의 경험을 통해 예비 사업자들은 자신의 삶을 돌아보고 앞날을 새로 개척할 수 있도록 정보와 용기를 얻는다. 인생의 꿈과 이상, 꿈을 이뤘을 때 하고 싶은 것, 정말 내가 되고 싶었던 모습에 대해 다시 생각할 수 있고 인생을 설계할 수 있는 기회가 될 것이다.

네트워크 비즈니스가 주는 10가지 기회

1. 안정적인 수익을 창출하는 기회

2. 경제적 성공과 고소득의 기회

3. 자신의 월급과 연봉을 스스로 만드는 기회

4. 융통성 있는 근무시간과 출퇴근 시간, 여가시간을 누릴 수 있는 기회

5. 리더가 될 수 있는 기회

6. 파트너와 동업자를 스스로 선택할 수 있는 기회

7. 개인적 성장과 자기계발의 기회

8. 잠재력 발견과 계발의 기회

9. 포기했던 꿈을 실현할 수 있는 기회

10. 내 운명을 내가 개척할 수 있는 기회

이런 사업설명회는 피하라

1. **강압적, 강요적** 제품과 회사의 장점과 필요성을 지나치게 강압적, 강요적으로 전달한다.

2. **과장과 거짓** 제품력, 회사 수익 구조, 사업성, 시스템 등에 대해 사실에 기반을 두지 않은 과대광고 식의 전달을 한다.

3. **주입식, 고압적 태도** '당신은 아무 것도 모른다' 는 식으로 고압적으로 가르치고 주입시키려 든다.

4. **불법적 방식** 고액의 초기 자본금을 요구하거나 당장 입금을 요구하거나 합숙 등 불법적이고 강제적인 방식을 요구한다.

5. **일방적** 정보를 일방적으로 전달하기만 하고, 참석자들의 질문을 받지 않거나 질문에 명쾌한 답을 해주지 못한다.

6. **장점만 강조** 회사의 매출, 순위, 제품의 특징을 설명하는 데 있어 정확한 통계자료를 바탕으로 사실을 전달하지 않고 장점만을 왜곡해서 강조한다.

7. **난해한 설명** 전문적인 설명을 하는 것을 넘어 너무 어려운 용어만을 남발하여 예비 사업자들로 하여금 위축감을 느끼게 한다.

8. **호구조사** 참석자들의 현재 수입, 경제적 여건, 현재 쓰는 제품에 대해 마치 호구조사 하듯이 꼬치꼬치 캐묻기만 한다.

9. **몰이해** 사업에 대해 망설이는 것을 충분히 공감, 이해해주지 않고 무조건 믿을 것을 강요하고 윽박지른다.

10. **스토킹 스타일** 신규 참석자들에게 다음에 또 참석하거나 만나달라는 요구를 반복하거나, 너무 비굴하게 굴거나, 만남과 구매 등을 부담스럽게 강요한다.

③ 막대한 비용을 투자하지 마라

네트워크 비즈니스에 대해 제대로 알아라

네트워크 비즈니스는 누구나 새로운 기회를 얻을 수 있고 숨은 잠재력을 발휘할 수 있는 기회의 사업이다. 또한 지속적인 교육과 자기계발의 기회를 통해 성장을 할 수 있는 특수한 성격의 사업이다.

흔히 네트워크 비즈니스에 대해 사람들이 갖고 있는 몇 가지 오해가 있다.

"초기에 비용을 많이 투자해야 하는 사업 아닙니까?"
"가까운 지인이나 친구를 이용해야 하는 사업 아닌가요?"

그러나 자영업과 달리 초기 자본이 막대하게 투자되는 사업이 아니라는 점, 그리고 다른 사람을 이용하는 것이 아니라 사람과 함께 경제를 창출할 수 있는 사업이라는 점이야말로 네트워크 비즈니스의 장점이다.

사업설명회 120% 활용하는 방법

자본주의 사회에서 모든 사람들은 필요한 제품들을 정해진 경로를 통해 구매한다. 모든 사람이 구매 활동을 하며, 이 활동을 해야만 돈이 흐르고 경제가 돌아간다.

네트워크 비즈니스는 이 경로를 자연스럽게 이용하는 분야라 할 수 있다. 보통의 직업이 노동력과 시간을 들이는 대신 돈을 받으면서 매일 원점에서 시작하고 그 일조차 언제 그만두게 될지 알 수 없다고 한다면, 네트워크 비즈니스는 노력과 시간을 들인 만큼 꾸준히 수입원이 창출되고 다음 단계로의 상승이 이루어지는 분야라 할 수 있다.

따라서 이러한 네트워크 비즈니스의 장점과 특징이 합법적으로 활성화되어 운영되는 탄탄한 회사를 선택하는 것이 무엇보다 중요하다.

그렇다면 위험성은 줄이면서 안정성을 확보하고 사업에 대한 확신을 얻을 수 있으려면 무엇을 기준으로 판단해야 하는가? 여기에는 고려할 점이 두 가지가 있다.

첫째, 사업설명회에서 얻은 정보와 받은 인상을 고려하라.

둘째, 회사의 시스템을 정확히 파악하라.

이런 사업설명회를 기억하라

네트워크 비즈니스의 사업설명회는 다른 어느 곳에서도 얻기 어려운 정보들을 가장 정확하게 확보할 수 있는 기회다. 사업을 정말 할 것인지 아닌지 망설여진다면 우선 사업설명회에서 얻은 정보와 그곳에서 받은 인상을 심사숙고하는 것이 좋다. 그에 관한 기준은 다음과 같다.

1. 회사와 제품에 대해 인상이 뚜렷하게 남는가?

사업설명회란 기존 사업자들이 사업, 제품, 회사에 대해 정확한 정보를 제공하고자 마련하는 자리다. 따라서 참석자 입장에서는 그 회사와 제품에 대한 인상이 뚜렷하게 남아야 한다. 아무리 행사가 번지르르하더라도 사업설명회장을 나서는 순간 남는 것이 없다면 예비사업자 입장에서는 사업을 결정하기가 여전히 어려울 것이다.

2. 가려운 부분을 시원하게 긁어주는가?

좋은 사업설명회는 정보를 풍부하고 정확하게 전달해주어야 한다. 그래야 사업에 대해서 결정할 수 있고 더 알아볼 수 있다. 자료, 설명, 시각적 이미지, 통계자료 등 모든 면에 있어서 많은 정보를 주고, 질문에 대해 명쾌하게 답을 제시하는 사업설명회인지 파악하라.

3. 열정과 활력이 넘치는가?

좋은 회사는 활력이 넘치고 구성원들과 파트너들 사이에서 열정의 에너지가 느껴진다. 이것은 사업설명회에도 그대로 나타난다. 열정은 거짓으로 꾸민다고 만들어지지 않기 때문이다.

- 내 안에 잠자고 있는 열정을 불러일으키는가?
- 지금보다 더 나은 미래를 꿈꾸게 하는가?
- 더 풍요롭고 행복한 삶을 바라게 하는가?
- 꿈이 현실이 될 수 있다는 증거를 보여주는가?

그러한 사업설명회라면 좀 더 확신을 갖고 사업을 시작할 수 있을 것이다.

올바른 회사 선택의 기준을 알아라

좋은 사업설명회는 참석자를 생각하게 하고, 변화하게 하고, 움직이게 만든다. 제품, 회사, 사업에 더 많이 알아보게끔 하고, 실제로 제품을 사용해보게 한다. 즉 막연히 꿈꾸던 것을 현실로 만들기 위해 발로 뛰고 귀로 듣고 눈으로 보아야 한다는 뜻이다.

사업설명회에 참석해 좋은 정보를 얻고 좋은 인상을 받았다 할지라도 사업을 막상 시작하려면 망설여지는 경우가 많다. 그럴 때는 추가적으로 그 회사와 사업에 대해 좀 더 검색해보고 업계에서의 순위와 안정성, 평판 등을 더 알아볼 필요가 있다.

사업을 시작하기 전, 그 회사에 대해 알아보려면 다음 두 가지 기준을 알아두어야 한다.

회사 선택 기준 1. 경제적인 부담을 주지 않는 회사

- 과한 자본금을 요구해 경제적 부담을 주지 않아야 한다.
- 자본이 없는 초보자도 사업을 시작할 수 있어야 한다.
- 탄탄하고 안정적인 사업 모델과 수익 구조를 갖고 있어야 한다.
- 향후 성장세와 비전이 보여야 한다.

회사 선택 기준 2. 누구나 성공할 수 있는 구조

- 큰 자본이 없더라도 누구나 바로 시작할 수 있는 시스템이어야 한다.
- 사업과 마케팅에 문외한인 초보자도 시스템을 따라하며 발전할 수 있는 구조여야 한다.
- 학력, 학벌, 지식, 전문성, 경력으로 인한 차별과 제한이 없어야 한다.
- 파트너십과 조직력이 탄탄하여 초보 사업자를 잘 이끌어주어야 한다.
- 꿈을 실현시키는 기회가 모든 이에게 공평하게 주어져야 한다.

성공적인 네트워크 비즈니스를 위한 회사 선택 기준 5가지

1. 탄탄한 구조
- 일부 극상위권 회원 혹은 소수의 사람들에게만 이익이 돌아가지
  않는가?
- 모든 사업자가 노력한 대로 수익을 취할 수 있는 구조인가?
- 성공이 보편적으로 보장되는가?
- 기회를 평등하게 제공받는가?

2. 합법적 체계
- 수익 구조가 투명하며 모두에게 공유되는가?
- 네트워크 비즈니스의 장점을 갖추고 있는가?
- 합법적인 플랜과 시스템을 구축하고 있는가?
- 수익의 일부를 사회에 환원하는 윤리적인 회사인가?

3. 안정적 기반
- 21세기의 변화 흐름을 잘 읽는가?
- 제품 자체에 혁신과 트렌드가 담겨 있는가?
- 제품 자체의 탁월함과 과학적 근거를 갖고 있는가?
- 누구나 잠재적 소비자가 될 수 있는 안정적인 제품을 갖고 있는가?

- 시장에서 독보적인 위치를 점유하는가?

4. 역사와 정통성

- 과거의 시행착오를 통해 시스템이 개선되었는가?
- 시행착오 과정에서 단점을 줄이고 장점을 부각시켰는가?
- 비합리성을 줄이고 합리성을 늘리는 과정을 겪었는가?

5. 이해하기 쉬운 시스템

- 누구나 그대로 복제할 수 있는 쉽고 합리적인 시스템인가?
- 초보자도 따라할 수 있는가?
- 심플하고 명쾌하여 누구나 복제가 가능한가?
- 먼저 시작한 사업자들에 의해 성공 가능성이 증명되었는가?
- 그대로 따라 하기만 하면 시행착오를 최대한 줄일 수 있는가?

4장

불황에도 생존하는
비즈니스 방정식

1. 21세기 자본시장은 변했다

시대가 완전히 변하고 있다

과거 20세기 사회에서 통용되던 비즈니스와 마케팅 기법은 오늘날 더 이상 통하지 않고 있다. 그것은 19세기에서 20세기로의 변화 시스템 속에서 통용되던 기법들이었다. 즉 과거의 경제체제가 지속된다는 전제 하에서만 가능했다.

그러나 지금은 시장의 안정화를 기대할 수 없게 되었다. 세계 강대국의 판도가 달라지고 있고, 경제 구조가 바뀌고 있으며 자본시장의 원리와 구조가 뒤바뀌고 있는 과도기적 변화의 기로에 우리는 놓여 있다.

직업과 직장에 대한 개념도 완전히 변화했다. 경제체제와 사회 구조의 변화 때문에 이제는 평생직장 개념이 사라진 지 오래다.

한 직종에서 열심히 월급을 모아 집을 장만하고 자녀교육을 하고 노후를 대비할 수는 없게 되었다.

누구나 노력하면 집을 장만할 수 있고 돈을 벌 수 있으리라는 기대는 이제 옛 시절의 환상이 되었음을 모두가 알고 있다. 이것이 우리가 처한 현실이다.

그렇다면 우리는 어떻게 해야 하는가? 목전에 다가온 미래를 어떻게 준비해야 하는가?

21세기 자본시장, 무엇을 준비할 것인가?

언제 끝날지 예상할 수 없는 장기 불황과 시장 불안정성은 이제는 일상이 되었다. 자영업자든 직장인이든 발상의 전환이 필요해졌다. 과거의 생각의 틀에서 벗어나 변화를 수용하고 시각을 달리할 필요가 있다.

전통적인 비즈니스 개념과 마케팅 기술들도 지금의 시대에는 더 이상 맞지 않는 옷이 되었기 때문에 사람들은 돈과 직업, 산업, 사업에 대한 새로운 시야와 시각을 가져야 함을 인정하고 있다. 새로운 사고방식을 받아들이지 않으면 도태되기 때문이다.

인공지능과 사물인터넷 등 혁신과 신기술이 나날이 등장하는 일이 일상이 된 오늘날의 사회에서 살아남기 위해서는 변화에 대비하는 유연성과 개방성, 그리고 판단력이 필요하다.

그중 네트워크 비즈니스는 광고와 중간 유통 없이 실소비자들의 확장적 네트워크에 의해 소비와 사업을 늘려나가는 원리를 가지고 있다. 소비자는 소비자이자 사업자다. 그 과정에서 제품 소비가 확장되고, 제품 소비가 확장되며 사업이 확장된다. 이것이 연쇄적으로 맞물리며 일어난다.

네트워크 비즈니스 기본 원리

1. 실제 소비자 = 소비자 + 사업자
2. 제품 소비 → 수익 창출 → 사업 확장
3. 시스템 복제 → 사업 안정화 → 동반 성장

새로운 시대에 걸맞은 사업

이러한 사업적 특성으로 인해 네트워크 비즈니스는 그 시스템의 원리를 배우고 노하우를 익히고 실천하는 과정 자체에서 사업의 안정화가 이뤄진다.

따라서 체계적인 시스템을 갖춘 회사를 선택하여 그 시스템을 그대로 복제해 따라 하면 누구나 안정적인 수익을 내고 성공자가 될 수 있다. 경험자들 및 성공자들의 노하우를 그대로 복제하기만 하면 노력한 만큼의 성과를 얻을 수 있고, 한 사람의 노력이 여러 사람의 동반 성공으로 무한 확장된다.

노력한 대로 성과를 얻는 사업이라는 점에서 네트워크 비즈니스는 매우 투명한 사업 분야다. 도전하고 노력하고 중도 포기하지 않는다면 누구나 꿈을 이룰 수 있는 사업이다. 성공에 다가가는 속도가 다른 분야와 비교할 수 없을 정도도 빠르다. 다른 직업 분야에서는 상상도 하지 못했을 고액 연봉자의 삶이 누구나 가능한 구조를 갖고 있다.

무엇보다 사람과의 교류 속에서 진정한 삶의 가치를 발견하게 해준다. 사업자 한 사람 한 사람의 꿈을 소중히 여긴다는 점에서 네트워크 비즈니스는 어쩌면 가장 인간적인 비즈니스라 할 수 있다.

네트워크 비즈니스 사업의 3가지 안정성 요소

네트워크 비즈니스 사업을 시작할 때는 반드시 다음의 3가지를 확인해야 한다.

① 탁월한 제품력

- 시장을 독점할 수 있는 제품력
- 이론적, 과학적, 의학적 근거를 갖춘 제품
- 독보적인 특수성을 갖춘 제품
- 타 회사가 모방할 수 없는 기능성을 갖춘 제품
- 특허권을 확보한 제품
- 회사 내에 자체 연구, 개발, 제조 시스템이 있는 제품
- 생산자, 소비자가 다이렉트 셀링으로 연결되는 제품
- 가격경쟁력이 우수한 제품
- 한두 가지 주력 제품+풍부한 제품 라인을 모두 갖춘 제품

- 보편적인 소비자를 확보할 수 있는 제품

② 믿을 수 있는 회사

- 투명한 재무 구조와 재정 상태를 가진 회사

- 재정과 재무 구조를 구성원에게 공유하는 회사

- 회사 전체의 매출과 수입을 정기적으로 확인할 수 있는 회사

- 기업신용등급 보고서 등을 통해 재정 상태를 알 수 있는 회사

- 정착기를 거쳐 안정기에 이른 회사

- 글로벌 시장 진출을 활발하게 하는 회사

- 오너와 경영진의 경영 철학이 올바르고 확실한 회사

③ 합리적인 보상 플랜

- 노력한 만큼 수입을 올릴 수 있는 보상 플랜

- 합리성, 공정성을 갖춘 보상 플랜

- 누구나 쉽게 이해할 수 있고 따라할 수 있는 시스템

- 활동을 덜 하는 사람이 부당하게 수익을 올리지 않는 제도

- 자주 바뀌지 않고 안정적으로 유지되고 지켜지는 보상 플랜

- 과거의 불합리성을 제거하고 개선한 보상 플랜

- 월별 유지금액이 과도하게 부담스럽지 않은 제도

2. 무자본으로 누구나 할 수 있는
최고의 기회

21세기의 네트워크 비즈니스는 과거와 다르다

네트워크 비즈니스는 60년 넘는 오랜 역사를 가지고 있다. 한국에 들어와 발전한 역사는 그보다 짧아 30여 년에 이른다.

오랜 역사를 가졌다는 건 무엇을 의미할까? 그것은 시행착오의 과정과 검증의 역사를 거쳐 오늘날까지 살아남았다는 것을 의미한다.

네트워크 비즈니스 선진국이라 할 수 있는 미국의 경우 그간 5만 여 개의 크고 작은 네트워크 기업들이 설립되었다. 그리고 그중 상당수의 회사가 무너지거나 문을 닫았다. 그중 상당수는 설립한 후 5년이 되기 전에 문을 닫았다.

따라서 지금의 네트워크 비즈니스는 20세기를 거쳐 21세기로 넘어오는 동안 무수한 시행착오를 거친 결과다. 불합리한 점을 고치고 수정하고 시스템을 보완하고 개선시키는 역사를 거쳤다.

사업자들의 실패 확률은 최대한 줄이고 성공 확률은 최대한 높일 수 있는 기반을 점차 마련하게 되었다. 제품력, 경영 마인드, 시스템, 재정 정책, 보상 플랜 등에 있어서 사업자에게 불리한 것들은 줄여나가고, 피해를 보지 않도록 엄청난 제도 개선이 있어왔다.

허황된 일확천금이 아닌 이유

모든 사업자가 동등한 위치에서 출발할 수 있으며 학력, 경력, 경제력, 자본력과 상관 없이 누구나 평등하게 사업자가 될 수 있다는 점은 네트워크 비즈니스의 가장 큰 특징이다. 사업자에게 요구되는 것은 돈이나 경력이 아니라 열정, 끈기, 성실함, 그리고 배우려는 의지다. 오늘날의 네트워크 비즈니스는 시스템을 배우고 익혀 그대로 복제하기만 하면 성공자가 될 수 있는 시스템을 지향한다.

미국에서 반 세기 넘는 역사, 한국에서 30년 가까운 역사를 거쳐 네트워크 비즈니스는 새 시대에 어울리는 구조를 갖춘 분야가 되었다. 본래의 취지와 장점은 더욱 부각되고, 시스템의 허점이나 단점은 보완되어 오늘날에 이르게 되었다. 그리고 그 발전은 지금도 현재진행형이라 할 수 있다.

따라서 네트워크 비즈니스는 많은 사람들이 오해하고 있는 것과 달리, 허황된 욕심에 의해 하루아침에 일확천금을 얻을 수 있는 사업이 아니다. 오히려 노력과 열정과 의지가 요구되는 정직한 사업이다.

성공의 시작은 변화와 도전

'성공' 이란 '변화' 와 동의어라 해도 과언이 아니다. 생각이 변화하고, 생활방식이 변화하는 데서 성공이 싹튼다.

대개 아주 먼 미래의 막연한 모습을 성공의 이미지로 상상하는 경우가 많지만, 성공은 지금 바로 시작해야 가능성의 문을 열 수 있다. 네트워크 비즈니스를 통해 성공한다는 것은 자신을 변화시키고, 자신의 잠재력을 믿고, 꿈을 되살린다는 것과 같은 말이다. 열린 마음과 유연한 사고를 통해 새로운 일에 도전하고, 새로운 사람을 만나고, 나와 내 주변을 변화시킨다는 뜻이다.

누구나 네트워크 비즈니스를 시작할 수 있다. 그것도 지금 당장 시작할 수 있다. 네트워크 비즈니스를 하기에 적합하지 않는 사람이란 없다. 또한 성공은 뜬금없이 운 좋은 일이 벌어져야 이룰 수 있는 것이 아니라, 지금 이 순간 새로운 분야를 개척하고 나를 변화시키는 과정에서 만들어진다.

지금 당장 시작하고 도전하라. 성공의 첫걸음은 그때 비로소 시작된다.

네트워크 비즈니스 예비사업자가 반드시 고민해야 할 것들

- 앞으로 무엇을 하고 살 것인가?
- 나의 중년 계획, 노후 계획은 얼마나 세워져 있나?
- 과거의 나의 꿈은 무엇이었나?
- 현재의 나의 꿈은 무엇인가?
- 죽기 전에 꼭 해보고 싶은 버킷리스트가 있는가? 있다면 무엇인가?
- 나의 꿈과 희망을 자극하는 일을 찾았는가?
- 나를 발전시켜주는 일을 하고 있는가?

- 가족과의 행복을 보장해주는 일을 하고 있는가?

- 나 자신을 위해 무엇을 하고 싶은가?

- 현재의 꿈이 언젠가는 이루어지기를 원하는가?

- 꿈을 이룰 수 있도록 얼마나 노력했는가?

- 꿈을 현실화할 기회를 만났는가?

- 기존에 하던 일을 통해 내 꿈을 이룰 수 있는가?

- 미래의 경쟁력을 갖춘 일을 하고 있는가?

- 지금 가지고 있는 자본만으로 바로 시작할 수 있는 일을 찾았는가?

- 나의 열정과 흥미를 불러일으키는 일은 무엇인가?

고정관념에서 벗어나라

　네트워크 비즈니스는 꿈의 사업 같지만 알고 보면 지극히 현실적인 사업이다. 허황된 꿈을 꾸는 것이 아니라 평범한 모든 사람들의 노력에 대해 그에 합당한 보상이 제공되는 합리적이고 투명한 사업이다. 현재의 재산, 지위, 계층, 학력, 능력, 경력과 상관없이 누구나 자신의 꿈과 성공을 향해 나아갈 수 있다.

　꿈과 목표를 세울 때 가장 방해가 되는 것은 돈이나 능력이 아니다. '나는 이 사업과 어울리지 않아' 라는 고정관념이다. 이제는 이 고정관념, 그리고 두려움에서 벗어날 때이다.

부의 세습과 빈익빈 부익부의 계층화가 나날이 뚜렷해지고 있는 우리나라 현실에서 투명함과 합리성이라는 성격 자체가 비현실적으로 느껴질 수도 있다. 그러나 그것이 비현실적인 일이 아니라는 것을 지금 이 순간 사업을 하고 있는 수많은 사업자들이 증명하고 있다. 네트워크 비즈니스 사업자들은 당신보다 한 발 앞서 고정관념을 깨고, 두려움을 극복하고, 직접 새로운 분야 도전해 부딪친 끝에 스스로 성공을 일군 사람들이다. 그들은 이 사업이 신기루나 꿈이 아니라고 강조한다.

문을 두드리지 않는 자에게는 변화도 찾아오지 않고, 문을 열지 않는 자에게 새로운 세상은 보이지 않는다. 도전정신, 자신감, 의지만 있다면 이미 당신은 네트워크 비즈니스의 사업자가 될 준비가 된 것이나 다름없다. 지금의 선택이 10년 후, 20년 후의 미래를 전혀 다른 모습으로 바꿀 것이다.

네트워크 비즈니스 사업자가 가져야 할 5가지 마인드

긍정 → 목표 → 실행 → 열의 → 협력

1. 긍정적 에너지

성공한 사업자일수록 긍정의 에너지가 자연스럽게 흘러나온다. 부정적인 언어 대신 긍정적인 언어를 사용하고, '못 한다' 는 말보다는 '할 수 있다' 는 말을 사용한다. 긍정적인 언어는 긍정적인 태도를 불러일으키고 자신과 주변에 활력을 준다. 어려운 상황에서도 해결의 실마리를 찾아낼 수 있게 하는 힘을 준다.

현재 상황을 지나치게 비관하지도, 낙관하지도 않는 균형 잡힌 긍정의 자세는 이성적 판단력을 높여준다.

2. 목표

- 왜 이 사업을 시작하는가?
- 이 사업을 해서 무엇을 이루고 싶은가?
- 나의 미래의 목표는 무엇인가?

사업에 대한 뚜렷한 목표 설정은 어려움이 닥쳤을 때 훌륭한 동기 부여를 해준다.

사업을 처음 시작할 때는 주변의 모든 여건과 환경이 열악한 상태일 수 있다. 그러나 목표가 확고하다면 자신의 의지를 통해, 그리고 파트너와 팀과 동료의 조력을 통해 도움을 받을 수 있고 다시 일어날 수 있다.

3. 실천과 실행

네트워크 비즈니스 사업자에게 가장 중요한 덕목은 실행력이다. 머릿속으로만 생각하지 말고 직접 찾아가고 알아보고 행동해야 사업을 할지 말지 결단을 내릴 수 있다. 사업자가 되고 나서도 행동하고 발로 뛰고 계획을 세우고 실천해야 사업을 안정적으로 진행시킬 수 있다. 그래야 사업 과정에서 저지르게 되는 실수와 시행착오도 빨리 만회할 수 있다.

4. 열의

네트워크 비즈니스 사업자들은 일에 있어서나 일 외의 생활에서나 열의와 진정성이 가득하다.

사업을 시작할 때의 열의, 사업을 잘 진행시키기 위해 노력할 때의 열의, 성공자가 되겠다는 열의가 사업에 가속도를 붙인다. 지식적인 측면에서나 실생활적인 측면에서나 사업적 측면에서나 스스로를 더 나은 사람으로 업그레이드시키겠다는 열의가 식지 않는다. 확고한 목표 하에 체계적으로 움직인다면 반드시 원하는 미래를 만들 수 있다는 자기 확신을 갖는다.

과거에 집착하거나 먼 미래의 망상에 매달리지 않고 현재에 최선을 다하는 것이 열의의 본질이다.

열의야말로 네트워크 사업자가 항상 잃어버려서는 안 되는 태도다.

5. 협력과 공존

네트워크 비즈니스는 사람과의 협력이 생명이다. 사람과의 인연을 소중하게 여기고, 만나는 모든 사람에게서 장점을 발견하고, 노력하는 과정을 서로 격려한다. 자신에게뿐만 아니라 타인에게 긍정적 에너지를 준다.

네트워크 사업은 혼자 하는 것이 아니다. 혼자 잘 나서 사업이 잘 되는 것이 아니다. 모든 성과와 성공에는 누군가 다른 사람의 노력이 밑바탕이 돼 있다는 것을 잊지 말아야 한다. 때문에 누구를 대하더라도 말 한 마디, 행동 하나 경솔히 하지 않는다.

네트워크 비즈니스는 돈 때문에 타인을 이용하는 사업이 아니다. 나의 이익을 위해 다른 사람에게 피해를 주는 것은 진정한 의미의 네트워크 비즈니스의 취지와 맞지 않는다. 함께 일하는 동료, 새로 만나는 사람, 한 번이라도 스쳐간 사람을 모두 소중히 여길 줄 알아야 한다. 타인의 입장을 헤아릴 줄 알고, 타인의 말을 경청할 때 사업자로서 한 걸음 더 성장한다.

3. 먼저 하는 사람이 **돈을** 버는 게 **아니라** 꾸준히 하는 사람이 **돈을** 번다

네트워크 비즈니스, 이런 점이 다르다

왜 네트워크 비즈니스는 21세기의 유망한 산업 분야로 자리잡은 것일까? 여기에는 다음과 같은 차별성이 있다.

네트워크 비즈니스의 차별화 요소 3가지

1. 수익성

우선 타 분야 직종에 비해 수익성이 뛰어나다. 기존의 직장이나 자영업으로는 엄두도 내지 못했던 큰 수익을 올리는 것이 구조적으로 가능한 거의 유일한 직종이다.

2. 평등성

누구나 지금 당장 시작할 수 있다는 점이다.

어떤 분야에서 전문가가 되고 큰돈을 벌기 위해서는 남다른 재능이나 학벌, 자본, 10년 이상의 긴 시간이 필요한 데 반해, 네트워크 비즈니스는 학벌, 기술, 경력과 상관없이 모든 사업자가 원하는 만큼의 성과를 낼 수 있다.

3. 인간성

네트워크 사업은 인간적 가치를 중시하는 특수성이 있다. 사람이 사람답게 살 수 있는 가장 소중한 가치를 중시한다. 왜냐하면 네트워크 비즈니스 사업자에게 요구되는 것은 열정, 끈기, 포기하지 않는 마음, 남에 대한 배려와 협동심, 자신에 대한 믿음이기 때문이다. 이러한 덕목들은 많은 현대인들이 직장생활이나 사회생활 속에서 잊고 있었거나 도외시하던 가치들이다. 그러한 가치들을 되살림으로써 자존감을 높이고 자신의 잠재력을 발견할 수 있다.

시스템을 따라 하면 느려도 언젠가 성공한다

네트워크 비즈니스의 가장 큰 특징은 효율적인 시스템을 따라

하기만 하면 사업 경험이나 마케팅 경험이 전혀 없는 사람도 누구나 사업을 할 수 있다는 점이다.

이미 성공을 경험한 사람들의 경험담과 노하우는 서로의 네트워크를 통해 공유되어 롤모델이 된다. 경험 있는 사람들의 방법을 무엇이든 따라하고 배울 수 있기 때문에 초보 사업자들은 그만큼 위험을 줄일 수 있고 대비할 수 있다.

네트워크 비즈니스에서는 시스템을 알고 따라하고 복제하는 것이 사업의 가장 큰 관건이라고 이야기한다. 나이, 학력, 경력, 성별, 경제력, 자본력과 무관하게 시스템을 활용하고 따라한 만큼 성과를 되돌려준다.

네트워크 비즈니스 사업의 성패는 시스템을 얼마나 착실하게 복제하느냐에 달려 있다고 해도 과언이 아니다.

먼저 시작했다가 금세 포기한 사람들보다, 뒤늦게 시작했더라도 꾸준히 시스템을 복제하고 노력을 기울인 사람이 최후의 승자가 된다. 네트워크 비즈니스는 꾸준함과 노력에 따라 성공의 문을 활짝 열어준다.

네트워크 비즈니스 초보 사업자가 기억해야 할 3가지

1. 복제하라

네트워크 비즈니스의 특성을 딱 한 가지 꼽으라고 한다면 바로 시스템 복제다. 누구나 주어진 시스템을 그대로 따라 하기만 하면 성공을 안겨주는 것이 시스템의 핵심적인 기능이다. 파트너들끼리 협력하고 서로의 성공을 복제할 수 있게 해주는 것이 시스템의 역할이다.

2. 활용하라

네트워크 비즈니스는 자신의 여가시간이나 자투리 시간 활용도가 매우 높다. 초보 사업자의 경우 기존의 생업을 완전히 포기하지 않고도 시간과 노력을 적절히 할애해 수익을 높이는 것이 얼마든지 가능하다. 한정된 시간을 활용할 수 있는 요령을 가르쳐주는 것은 시스템, 그리고 함께 일하는 파트너들이다. 때문에 누구나 부담 없이 자기가 할 수 있는 선에서 사업을 진행할 수 있다.

3. 교류하라

네트워크란 사람과 사람 사이의 네트워크를 말한다. 네트워크 비즈니스에서 말하는 성공이라는 것도 혼자 쟁취하는 것이 아니라 여러 사람과 함께 이루는 것이다. 그래서 네트워크 비즈니스는 '교류의 비즈니스' 라 해도 과언이 아니다.

사업을 통해 다른 분야의 사람들과 만나고 새로운 네트워크를 형성함으로써 정보를 긴밀하게 교환할 수 있고 함께 발전할 수 있다. 이러한 교류를 통해 자신의 비전을 세우고 목표를 향해 나아갈 수 있는 동력을 얻는다.

이 정도는
알고 시작하자

1. 회원을 통해 돈을 버는 구조입니까?

불법 피라미드에서는 업라인이 다운라인에게 강제로 물건을 떠넘기는 식으로 이윤을 착취하지만, 정상적인 네트워크 비즈니스는 경험이 많은 사람과 이제 시작한 사람이 팀을 구성해 서로 도우며 사업을 진행할 뿐 상하 관계는 존재하지 않습니다. 또한 누군가를 회원 가입시켜 큰 금액을 받는 것도 아닙니다. 이는 그저 그와 좋은 파트너가 되어 함께 이윤을 얻고자 함이며, 좋은 정보를 공유함으로써 더 큰 성공을 이루고자 하는 것일 뿐 회원을 통해 돈을 버는 것이 목표는 아닙니다.

2. 먼저 시작하는 사람이 유리합니까?

그렇지는 않습니다. 신규 사업자가 기존 사업자를 훌쩍 뛰어넘기도 하고, 훌륭한 사업 방법으로 단기간에 성장하는 사람들도 있습니다. 나아가 네트워크 비즈니스는 자본금이 들지 않으므로

도산이라는 것이 존재하지 않을뿐더러, 얼마나 열심히 사업을 펼치느냐에 따라 성과가 달라집니다. 먼저 시작한 사람이 유리하다는 말은 근거가 없다고 봐야 합니다.

3. 경제적 여유가 없는데 사업을 할 수 있나요?

많은 이들이 이 사업을 시작하는 것도 지금보다 경제적 여유를 가지기 위해서입니다. 즉 돈이 없기 때문에 돈을 벌려고 하는 것입니다. 이 사업은 큰돈이 드는 것이 아닙니다. 생활용품은 일종의 소모 상품이자 기호 상품이므로 어차피 사용 후 바꿔야 합니다. 다만 이 기회에 소비 형태를 바꾸는 것뿐입니다.

4. 과거 비슷한 사업을 해본 이들이 돈이 안 된다고 하던데요?

아이템이 좋다고 그 사업이 모두 성공하는 것은 아닙니다. 무조

건 일반화하기 전에 과거의 사업이 어떤 형태였는지 돌이켜보고 그 다음 비교를 해보면 네트워크 사업을 좀 더 잘 이해하게 되지 않을까요?

5. 시간 소비가 많을까요?

우리가 이 사업을 하는 것은 좀 더 큰 시간적 자유를 얻기 위해서입니다. 이 사업은 자리를 잡으려면 2~3년이 걸립니다. 어찌 보면 다른 사업에 비해 많은 시간을 필요하지 않은 것일 수도 있습니다. 자신과 미래를 위해 투자한다고 생각하면 결코 긴 시간은 아닙니다.

6. 전달과 모집이 어렵다던데요?

네트워크 사업은 물건 하나를 팔기 위해 초인종을 누르는 영업 형태가 아닙니다. 일단 시스템이 구축되면 자연스럽게 재구매가 발생합니다. 따라서 정보를 잘 전달해 이를 서비스로 연결하면 저절로 상품 판매가 이루어집니다.

7. 말을 잘 못 해서 걱정인데 괜찮을까요?

이 사업은 말로 유혹하는 사업이 아니며, 말을 못 한다고 해도 오히려 나을 수 있습니다. 있는 그대로만 이야기하는 것이 오히려 진실성을 전달하는 데 낫기 때문입니다. 또한 아무리 말 잘하는 사람이라도 처음부터 그랬던 건 아닙니다. 말을 잘하는 요령은 차근차근 배우면 됩니다.

8. 인맥이 없으면 어렵지 않나요?

이 사업을 진행한 많은 이들의 경험으로 볼 때, 이 사업에는 결코 많은 인맥이 필요하지 않습니다. 믿을 만한 몇 사람만이라도 서로 도우며 이끌어가면 됩니다. 또한 사업을 하다 보면 자연스

레 인맥을 만들 기회가 다가옵니다.

9. 불황일수록 빨리 시작해야 한다

일을 할 때는 우선순위가 필요하다. 순서에 맞게 일을 처리해야 한다는 뜻인데, 이때 급하게 해야 할 일은 '긴급한 일' , 시간보다는 내용이 중요한 일은 '중요한 일' 로 구분된다.

변화 속에서 활로를 정할 때도 이 긴급한 일과 중요한 일 모두를 잘 살펴야 한다. 빠른 변화의 속도에 발을 맞추되 성급하지 않게 판단을 내려야 한다. 물론 100% 맞지는 않을지라도 미래를 가늠하고, 5년 뒤와 10년 뒤를 넓게 포괄하는 안목과 현재 일어나는 변화들을 예측 가능한 범위 안에서 예측해봐야 한다.

'앞으로 세상은 어떻게 변할 것인가? 그 안에서 내가 할 수 있는 일은 없을까? 부터 시작해서 '과연 나는 무엇을 잘할 수 있는가? 나는 미래에 무엇을 얻고자 하는가?' 하는 질문들까지 수없는 질문을 자신에게 던지고 답해봐야 한다.

물론 변화가 항상 좋은 결과만 가져오는 것은 아니다. 때로는 자칫 가진 것을 잃게 되는 경우도 있다. 하지만 가장 어려운 시기에는 또 다른 기회가 숨어 있는 경우가 훨씬 많다.

중요한 것은 변화의 양상이 모두 드러날 때까지 수동적으로 기다리지 말고 그 자신이 변화를 찾아나가는 용기다. 즉 이 변화가 나에게 어떤 혜택을 줄 수 있고, 언제 어떻게 도전해야 할지 타이밍을 살펴 자신만의 플랜을 짜고 이것을 실현시켜나가는 힘이다.

네트워크 비즈니스는 불황 속에서 가장 각광받아온 사업이었다. 일상생활의 소비를 통해 수익을 창출할 수 있는 것은 물론, 무점포 무경험을 시스템으로 극복할 수 있다는 점에서 큰 위험 없이 시도해볼 수 있는 사업이기 때문이다.

실로 많은 소규모 사업자들이 불황 속에서 힘을 키워 대형 사업자로 변신해왔다는 점을 주모할 필요가 있다. 이는 시대의 변화는 필연적으로 사회적 지각변동을 일으킨다는 것을 의미한다. 지금이 바로 변화의 적기라는 생각이 든다면 그 순간을 놓치지 않는 것, 이것이야말로 타이밍의 고수들이 전하는 성공 노하우임을 기억하자.

10. 목표가 뚜렷하지 않으면 성공할 수 없다

진정으로 성공하는 사업 모델에는 하나의 특징이 있다. 성취의 과정에서 얻을 수 있는 귀한 경험은 제쳐놓고 당장 들어올 수입만 생각하게 하는 사행성 사업과는 달리 그에 걸맞은 훌륭하고 현실적인 목표가 있다는 점이다.

헬렌 켈러는 "보지 못하고 듣지 못하는 장애보다 무서운 것은 목표가 없는 것"이라고 말했다. 목표는 인생을 끌어가는 돛대이자 행동을 불러오는 동기 부여의 원천인 것이다. 즉 무슨 사업이건 훌륭한 목표가 필요하며, 목표 없는 사업은 돛을 잃은 배가 될 수밖에 없다.

그렇다면 네트워크 사업에서 훌륭한 목표를 세우기 위해서는 어떤 점에 유의해야 할까?

첫째, 목표를 세워야 하는 이유를 명확히 하고 절실함을 부여하며 되도록 세밀하게 짠다. 치밀한 고민 없이 도출된 목표는 끝까지 밀고 나가기 어렵다. 즉 이 사업을 통해 내가 현실적으로 성취할 수 있는 건 무엇이고, 어느 정도 수준이며, 여기에 어느 정도의 시간을 투자하고, 얼마의 수입을 올릴 수 있을지, 이 사업의 장점과 단점은 무엇인지를 정확히 분석하고 파악한다.

둘째, 목표를 정했다면 그 목표를 달성할 기한을 정한다. 이는 목표를 밀고 나갈 수 있는 긴장감과 에너지를 얻기 위해서다. 시한은 항상 몸으로 움직이는 행동을 이끌어낸다.

셋째, 목표 달성을 위해 무엇을 투자해야 할지를 살핀다. 즉 얼마 정도의 비용과 시간 자원 등이 소요되는지를 검토하는 것이다. 만일 그 사업이 내 현실로는 감당할 수 없는 물질적, 시간적 투자를 요구한다면 과감히 접고 내 상황에 맞는 목표를 재설정해야 한다.

이를 다시 정리하면, 다음과 같은 요소들을 참고해볼 수 있다.

- 목표를 왜 세워야 하는지를 이해한다.
- 목표를 달성하는 데 필요한 시한을 정하고 비용을 산정한다.
- 목표를 이루기 위해 부족한 점을 살펴 계발한다.
- 목표로 나아가는 과정에 장애 요인은 없는지 검토하고, 있다면 대책을

세운다.

- 목표를 달성했을 때 돌아오는 이익을 세부적으로 검토한다.

이처럼 목표 달성을 위한 구체적인 지표가 완성되었다면, 이제는 더 정밀한 정보를 입수해서 이를 분석하고 활용할 줄 알아야 한다.

11. 회사를 잘 선택하면 절반은 성공한 것이다

아무리 열심히 노력해서 훌륭한 배경 지식을 쌓아도 그 노력이 헛되이 돌아가는 경우도 있다. 사업 시작의 첫 걸음인 업체 선정에 실패한 경우가 그렇다.

무작정 노력만 한다고 성공하는 것이 아니듯이, 네트워크 비즈니스는 회사와 제품을 잘 선택해야 그간 쌓아온 노력도 빛을 발한다. 업체를 선택하는 것은 그 자체로 사업 방향을 결정하는 것과 다름없기 때문이다.

한 예로 착실하게 성장하는 네트워크 회사와 불법 피라미드 중에 불법 피라미드를 선택할 경우 그것은 노력과는 별개로 실패가 예견될 수밖에 없다. 따라서 업체를 선정할 때는 서두르지 말고 다각도로 확인하고 점검해 시행착오를 줄여야 한다. 업체 선정 시 고려해야 할 기본적인 사항은 다음과 같다.

- **경영 이념과 재무 구조** : 회사와 사업자가 윈윈하는 곳인지와 부채 등 재무 구조를 살핀다.
- **시스템** : 마케팅 플랜과 프로그램은 그 회사의 시스템을 대변한다. 이것이 합리적이고 지속성이 있는지 따져본다.
- **상품** : 회원들의 입소문으로 확산될 만큼 좋은 상품인지 제품력을 가늠해본다.
- **네트워크 신뢰도** : 회사의 직원은 물론 동료 사업자들이 신뢰감을 주는지 가늠한다.
- **본인의 능력** : 과연 내 능력과 적성에 맞는지도 살핀다.

그 외에도 확인해야 할 부분은 다음과 같다.

첫째, 해당 회사가 적법한 회사인지 법률적 등록번호를 반드시

확인한다. 불법 회사들의 경우 등록번호가 없다.

둘째, 회사의 상품을 면밀히 검토한다. 내가 자신감 있게 활동하려면 그 회사의 제품이 안정적이어야 한다. 다른 광고에 기대지 않고 품질로 승부수를 던지는 네트워크 비즈니스의 세계에서는 가격과 제품력 등이 중요한 경쟁력이 된다.

셋째, 회사가 무리한 실적을 요구하는지 확인해야 한다. 회사가 수입이나 직급 등을 빌미로 지나치게 실적을 강요하는 분위기라면 얼마 안 가 지쳐버리거나 무리한 행동을 유발할 가능성이 높다. 다시 강조하지만 업체 선택은 실패와 성공을 좌지우지하는 중요한 부분인 만큼 조금의 소홀함도 허락해서는 안 된다.

12. 리스크, 피할 수 없다면 즐겨라

시작하기만 하면 성공하는 사업은 없다. 새로운 일을 시작하려면 어느 정도 리스크를 감수해야 한다. 네트워크 비즈니스도 마찬가지다. 아무리 훌륭한 시스템을 갖춘 회사와 협력한다 해도, 사업을 일구어가는 것은 결국 사업자이며, 그 과정에서 장애를 이겨내는 것도 사업자이다. 설사 최소의 리스크가 발생할지라도 몸으로 움직이라는 뜻이다.

일본의 유수 전기회사인 마쓰시타는 1950년 무렵 흑백 TV 보급률이 고작 5퍼센트였던 무렵 보급률의 급상승을 예측하고 대대적인 투자를 감행했다. 당시 여론은 마쓰시타의 투자가 무리하고 어리석은 것이라고 단정했다. 그러나 다음 해 일본 황태자의 성혼식이 방영되면서 흑백 TV는 폭발적인 보급률을 보이기 시작했고, 이 사건으로 마쓰시타전기는 일본 TV 시장을 석권했다.

이는 TV가 얼마 안 가 인기 상품이 될 것이라는 정확한 예측, 가정문화에 기여한다는 목표 의식, 그리고 상식을 뛰어넘어 나아가는 마쓰시타 고노스케의 높은 이상과 정확한 분석, 단호한 결단력이 있었기에 가능했다.

심한 커브길이 있을 때 그 길을 몇 번 다녀본 사람은 어디서 핸들을 꺾고, 어느 지점에서 기어를 바꿔야 할지 예측할 수 있다. 반면 낯선 곳에서 차를 몰면 예측이 불가능하므로 어디서 브레이크를 밟거나 기어를 올릴지 망설이게 된다.

네트워크 비즈니스 비즈니스도 마찬가지다. 아무리 이론적으로는 쉬워 보여도 막상 들어서면 예상치 못했던 문제들이 발생할 수 있으며, 이 어려움들을 이겨낼 인내와 힘이 필요하다. 행운으로 들어서는 커브길은 언제나 다가온다. 중요한 것은 어느 지점에서 핸들을 꺾어야 할지를 아는 '시의적절한 결단' 이다.

사실 네트워크 비즈니스는 남녀 차별도 없고, 능력에 따라 성공하고, 노력한 만큼 수익을 얻을 수 있는 시스템임은 틀림없으나 아무나 할 수 있는 일은 아니다. 누구나 도전해볼 수 있겠지만, 이 사업에서 성공하려면 반드시 경험이 필요하다.

우리가 새로운 일을 시작할 때 겁을 먹는 것도 이 경험이 없어서다. 하지만 처음부터 경험이 풍부한 사람은 아무도 없다. 또한 네트워크 비즈니스에서는 앞서 사업을 시작한 사람들을 통해 얼마든지 배울 수 있다. 네트워크 비즈니스에는 다운라인과 업라인 사이의 견고한 유대관계를 통해 리드해 주는 시스템이 구축되어 있고, 협력하여 서로를 도와야 더 많은 사람이 이익을 얻기 때문이다.

이외에도 처음 시작할 때의 다른 어려움, 리스크도 있을 수 있다. 그러나 그런 최소의 리스크를 가지지 않는 사업은 애초에 없으며, "돈 얻고 사람 잃는" 대신 네트워크 비즈니스는 "돈 얻고 사람까지 얻었다"라고 자랑스럽게 말할 만한 사업임을 알아둘 필요가 있다.

-출처: 《네트워크 비즈니스가 당신에게 알려주지 않는 42가지 비밀》

불안한 사회 속에서 찾는
안정적인 나만의 사업

　누구나 행복한 삶을 원하고, 누구나 안정적인 직업과 수입을
원한다.

　전 세계가 인터넷으로 연결되고, 인공지능과 새로운 기술이 하
루가 다르게 발전하는 오늘날의 세상에서 나와 내 가족은 무엇
을 해야 행복하고 충만한 삶을 살 수 있을 것인가?

　네트워크 비즈니스는 4차 산업혁명이 일자리와 경제 구조를
송두리째 바꾸고 있는 오늘날, 오로지 사람과 사람 사이의 관계
에서 능력을 발휘할 수 있는 특수한 분야로 각광받고 있다. 인적
네트워크라는 연대 속에서 사람의 힘에 의해 연대감을 얻고, 열
정을 불사르며, 자신의 재능을 발휘하고, 그 결과 큰 수익을 올릴

수 있다.

그런 점에서 네트워크 비즈니스는 향후 지속적 성장세를 약속하며 미래의 발전 가능성이 무한한 분야 중 하나다. 사업자 한 명 한 명의 성장과 발전 속에 인적 자원이 서로 만났을 때의 시너지 효과가 새로운 가능성을 낳는다.

네트워크 비즈니스는 누구에게나 가능성의 문을 활짝 열어두고 있다. 그 문에 들어선 후 1년 후, 5년 후, 10년 후 당신은 어떤 모습으로 변해 있을 것이며 어떤 삶을 살고 있을 것인가?

이제 당신이 스스로 삶을 선택하고 결정할 차례이다.

네트워크 비즈니스에 대해 제대로 알고 싶어요

변화속의 기회
박창용 지음
90쪽 | 3,000원

이렇게 살아도 되는 걸까?
백상철 지음
112쪽 | 3,000원

우분투 수입
김종규 지음
160쪽 | 9,000원

나우!유턴
최병진 지음
143쪽 | 7,000원

그게 가능해?
서진숙 지음
150쪽 | 7,000원

아바타 수입
김종규 지음
224쪽 | 12,500원

숫자에 속지마
황인환 지음
352쪽 | 15,000원

4차 산업혁명의 패러다임
장성철 지음
248쪽 | 15,000원

거절을 YES로 바꾸는
사업설명회 비밀
강형철 지음
112쪽 | 4,000원

네트워크마케팅 시스템을
알면 성공한다
석세스기획연구회 지음
234쪽 | 10,000원

액션 플랜
이내화 지음
203쪽 | 9,000원

4,300원의 자신감
이혜숙 지음
250쪽 | 13,000원

최고의 인맥을 활용하는 35가지 비결

박춘식 · 장성철 지음
170쪽 | 8,500원

헤메고 넘어지고 뒤집기

기우정 지음
228쪽 | 13,500원

감사, 감사의 습관이 기적을 만든다

정상교 지음
242쪽 | 13,000원

드림빌더

김종규 지음
272쪽 | 13,000원

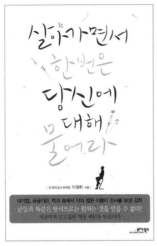

살아가면서 한번은
당신에 대해 물어라
이철휘 지음
252쪽 ǀ 14,000원

성장을 주도하는 10가지
리더십
안희만 지음
272쪽 ǀ 15,000원

나인 레버
조영근 지음
242쪽 ǀ 12,000원

살아남는 자의 힘
이창우 지음
216쪽 ǀ 13,000원

1등이 아니라 1호가 되라
이내화 지음
272쪽 | 15,000원

백년기업 성장의 비결
문승렬 · 장제훈 지음
268쪽 | 15,000원

앎
김선호 지음
208쪽 | 12,500원

인생반전
이내화 · 김종수 지음
240쪽 | 14,000원

불황에도 생존하는 비즈니스
대체 뭐길래 난리야?

| 초판 1쇄 인쇄 | 2019년 08월 26일 |
| 1쇄 발행 | 2019년 09월 11일 |

지은이	김청흠
발행인	이용길
발행처	**모아북스** MOABOOKS

관 리	양성인
디자인	이룸
기 획	모드원

출판등록번호	제 10-1857호
등록일자	1999. 11. 15
등록된 곳	경기도 고양시 일산동구 호수로(백석동) 358-25 동문타워 2차 519호
대표 전화	0505-627-9784
팩스	031-902-5236
홈페이지	www.moabooks.com
이메일	moabooks@hanmail.net
ISBN	979-11-5849-110-9　03320

이 도서의 국립중앙도서관 출판예정도서목록(CIP)은 서지정보유통지원시스템 홈페이지(http://seoji.nl.go.kr)와 국가자료종합목록구축시스템(http://kolis-net.nl.go.kr)에서 이용하실 수 있습니다. (CIP제어번호 : CIP2019032917)

모아북스 는 독자 여러분의 다양한 원고를 기다리고 있습니다.
MOABOOKS
(보내실 곳 : moabooks@hanmail.net)

누구나 성공하는 네트워크 비즈니스

이 책을 전해주신 분께서 네트워크 비즈니스에 대한
정보와 세미나에 대해 자세히 안내해 줄 것입니다.

성 명 :＿＿＿＿＿＿＿＿＿＿＿＿＿

연락처 :＿＿＿＿＿＿＿＿＿＿＿＿＿

이메일 :＿＿＿＿＿＿＿＿＿＿＿＿＿